LE BOUQUET
DU ROI,
Chansons et Rondes

CHANTÉES AUX CHAMPS-ÉLYSÉES,

Le 4 Novembre 1829,

POUR LA FÊTE DE LA SAINT-CHARLES.

LE BOUQUET
DU ROI,
Chansons et Rondes

CHANTÉES AUX CHAMPS-ÉLYSÉES,

LE 4 NOVEMBRE 1829,

Pour la Fête de la Saint-Charles.

PARIS,

Vᵉ. BALLARD,-IMPRIMEUR DU ROI
ET DE LA PRÉFECTURE DE LA SEINE, RUE J.-J. ROUSSEAU Nᵒ. 8.

Novembre 1829.

LE FILS DE HENRI-QUATRE.

AIR : *Venez, venez dans mon parterre.*

Venez, venez sur cette place,
Vous qui chérissez à-la-fois
Les Bourbons, leurs vertus, leurs lois,
Et tous les Princes de leur race.
Ici, le crime conjuré
S'était réuni pour abattre
L'image d'un roi vénéré ;
C'était le Fils (*ter*) de Henri-Quatre !

Lieu paisible, ô séjour du sage !
Sors enfin de l'obscurité ;
Et de justice et de bonté,
Charles te donne un nouveau gage.
Pour sa fête, il offre à tes yeux
Un Roi que rien ne put abattre,
Un Roi digne de ses aïeux ;
C'était le Fils de Henri-Quatre !

Que les antiques galeries,
De ces lieux si long-temps déserts,
Retentissent de nos concerts.
Pour vous fêter, ombres chéries !

Que desouvenirs à la fois !
Ici , comme le cœur doit battre !
Le Père du plus grand des Rois
Etait le Fils de Henri-Quatre !

Par C.-J. ROUGEMAITRE.

C'EST LE ROI.

AIR : *Tra la la.*

Pour le Roi , (*bis*)
Chanter amuse
Ma muse
Pour le Roi , (*bis*)
On peut disposer de moi.

Vingt ans on vit nos soldats
Triompher en vingt climats ;
Mais les lauriers des vainqueurs
Etaient arrosés de pleurs.

Sous le Roi , (*bis*)
Notre campagne
D'Espagne ,
Sous le Roi , (*bis*)
Des méchans seuls fut l'effroi.

Nos guerriers furent nourris
Pendant long–temps de pain bis ;
Qui leur a permis d'un mot
De mettre la poule au pot ?

C'est le Roi, (*bis*) *
   Le père
Du militaire ;
C'est le Roi, (*bis*)
Le soldat bénit sa loi.

Pourquoi s'efforcer de voir
Dans l'avenir tout en noir ?
Ce pays, on le sait bien ,
Possède un ange gardien :

C'est le Roi ,(*bis*)
Providence
De la France ;
C'est le Roi , (*bis*)
Chassons donc un vain effroi.

Un Monarque est–il cité
Pour sa noble loyauté ,
Et pour tout le bien qu'il fait ,
C'est comme si l'on disait :

* Lisez la dernière ordonnance sur les retraites.

1*

C'est le Roi, (*bis*)
Oui, c'est de Charle
Qu'on parle,
C'est un Roi, (*ter*)
De bon aloi.

Pour ce père des Bourbons
Que de bon cœur nous fêtons ;
Illuminons et chantons ;
Trinquons, buvons et crions :

Viv' le Roi, (*bis*)
Que ce cri prouve qu'en France
Pour le Roi, (*bis*)
Chacun pense
Comme moi.

D. C.

UN DINER DE FAMILLE
LE JOUR DE LA SAINT-CHARLES.

Air de la fanfare de l'ouverture du Jeune Henri;
ou : L'aut' jour à Fanchon j' dis : ma fille.

LE PÈRE DE FAMILLE.

Mes amis, dans ce jour de fête,
Rappelons un usage heureux;
Moi, je veux
Qu'au dessert chacun d' vous s'apprête
Par un couplet
Que le cœur aura fait,
A chanter CHARLE, et qu'on répète :
Voilà, ma foi,
Comme on fête le Roi. } *bis en chœur.*

LA MÈRE.

On sait que d' la chevalerie
Not' Roi fut l' modèle en tout temps,
Mes enfans.
Sa loyauté, sa courtoisie
Le f'ront toujours respecter,
Imiter

2

J'embrass' son image chérie :
Voilà, je croi,
Comme on fête le Roi.

L'ONCLE.

C'est surtout par sa bienfaisance,
Amis, que ce jour souhaité
Est fêté.
Aussi, d'un tel exemple en France,
Chacun voudra
Profiter, et dira :
Soulager l' malheur, l'indigence,
Voilà, je croi,
Comme on fête le Roi.

LA TANTE.

Pour bien commencer la journée,
J' l'ai vu, par un heureux destin,
Ce matin ;
J'ai vu sa tête couronnée
De majesté ;
De grâce, de bonté ;
J'en parlerai toute une année :
Voilà, je croi,
Comme on fête le Roi.

LE FILS aîné, *militaire.*

Du moment qu'on parle
De CHARLE,
Aussi viv'ment qu'en un combat
Mon cœur bat;
Comm' je m' figure *honneur, patrie*
Dans ce seul mot
Réunis aussitôt,
J' bois
A tous les trois
Et j'm'écrie :
Voilà, ma foi,
Comme on fête le Roi !

SA SOEUR, *jeune fille.*

Il a consolé les jeun's filles
En nous rendant les doux bienfaits
De la paix;
Aussi toujours laid's et gentilles,
Sûr's, grâce à lui,
D'un époux aujourd'hui;
Dis'nt en augmentant leurs familles :
Voilà, je croi,
Comme on fête le Roi.

UN JEUNE FILS, *écolier.*

Au collége il n'y a plus personne,
Dans un jour comme celui-ci,
Dieu merci ;
C'est un congé, sans qu'on l'ordonne
Et sans qu'il soit demandé,
Accordé ;
Jouir des plaisirs qu'il nous donne,
Voilà, ma foi,
Comme on fête le Roi.

LE PLUS JEUNE FILS, *enfant.*

Au moment d' sa fête dernière,
J'étais encore à l'A, B, C,
L'an passé ;
J'ai fait de grands progrès, j'espère,
Car je sais lire à présent,
Couramment.
Vive CHARLES, *notre bon père !*
Voilà, pour moi,
Comm' je fête le Roi !

LA BONNE DE LA MAISON.

D'après vos intentions, not' maître,
Je vous dirai que j' viens d'avoir,
Pour ce soir,

De beaux lampions qui f'ront connaître
Nos sentimens ; j'en plac'rai,
J'en mettrai
Jusqu'au sixième , à ma fenêtre :
Voilà , je croi,
Comme on fête le Roi.

LE PÈRE, *se levant de table.*

Que nos chansons soient arrosées
D'un dernier coup à sa bonté,
Sa santé ;
Puis allons aux Champs-Elysées ,
Allons l'entendre applaudir,
Et bénir.
Tout est en l'air , cœurs et fusées :
Voilà , ma foi,
Comme on fête le Roi.

OURRY.

LE VIEUX TAMBOUR.

Air de la retraite.

Quoique pour moi
L' temps batte la retraite,
Quand vient la fête
De not' bon Roi,
J' suis encor prêt, ma foi !
J' suis né natif de Pau,
D'Henri c'était l' berceau,
Et j' rest'rai fidèle au
Royal drapeau,
Ou j' crev'rai dans ma peau !

Je m'nais l'amour
Jadis à la baguette,
Femme ou fillette
S' mettait, chaq' jour,
Au pas de mon tambour ;
On voyait *Rataplan*
Leste, brave et galant
Matin et soir roulant,
Partout trottant
Cœur et tambour battant.

L' dieu Cupidon
M'a mis à l'arrièr'-garde,
Mais, moi j' me r'garde
Comme encor' bon
S'il s'agit d'un Bourbon;
Et si jamais l'enn'mi
Se r'montrait par ici,
J'li f'rais voir, dieu merci!
Un poignet qui
Ne s'rait point zengourdi!

J'os' me flatter
Que j'ai fait zen Espagne,
Une campagne
Qui, sans m' vanter,
M'a fait zun peu boiter;
Mais qu'est qu'ça m' fait à moi
Si, gardant bien ma foi,
Pour l' service du Roi,
Tout chacun voit
Que je sais marcher droit.

Vive le Roi
Qui, par son ordonnance,
Veut que d' la France
L' soldat, ma foi!
Voy' l'avenir sans effroi!

Mais j' l'aimons, sans argent,
Et c' bon Roi peut, vraiment,
Compter à tout moment,
   Sus l' cœur, le sang,
La caisse d' *Rataplan* !

GENTIL.

LE FAUBOURIEN CLASSIQUE.

AIR : *Au clair de la lune.*

Foin du romantique ,
Vrai galimatias
Que maint empyrique
Prône avec fracas !
Je n' suis ni poëte ,
Ni discoureur ; mais
Quand c'est l' Roi qu'on fête
J' veux parler français.

De petits grands hommes,
Pour s' mettre en crédit,
Au temps où nous sommes ,
Alambiqu'nt l'esprit :

S' lon l'antique usage,
Pour chanter c' beau jour,
Moi, j' veux un langage
Qui soit sans détour.

Faut que le cœur parle
Ainsi d' bonne foi,
Quand j' dis : vive Charle !....
Ou vive le Roi !....
C'te phrase est bien claire,
C'est comm' si j' disais :
Que Charle est le père
De tous ses sujets..

Ayons l'éloquence
De ce franc Bourbon,
Qui, pour tout' la France,
Se montre si bon ;
A des fariboles
Il n' s'amus' jamais,
Ses plus bell's paroles
Ne sont qu' des bienfaits.

En fait de harangue,
Quel fier orateur !
Il possèd' la langue
Qui va droit au cœur.

2*

Parmi ceux qui tâchent
D' briller aujourd'hui,
Trouvez-en qui sachent
Consoler mieux qu' lui.

Qu' la grêle et la pluie
Ravag'nt nos moissons,
Ou qu' un incendie
Détruis' nos maisons ;
Pendant qu' chacun jase
Sur tous ces malheurs,
Il n' fait point de phrase,
Il sèche nos pleurs.

D'un mot il pénètre
Le cœur le plus dur,
D'un r'gard il fait naître
L'amour le plus pur ;
C'est bien là, sans doute,
Un fils de Henri !....
Jamais on n' l'écoute
Sans être attendri.

Pour l' jour de sa fête
N' s'avise-t-il pas
D'augmenter la r'traite
De ses vieux soldats ?

Nos guerriers, je pense,
Trouveront toujours,
Que cette ordonnance
Vaut mieux qu' des discours.

C' bon Roi qui s'occupe
A guérir nos maux,
Pas plus qu' nous n'est dupe
D'un tas de grands mots;
Tout' sa politique
C'est d' faire du bien...
Et v'là l' romantique
Que l' peuple entend bien.

Par M. EDMOND, S..,..

LE VOILA!

AIR : *Alte-là, la Garde Royale est là.*

Pour qui ces chants d'allégresse,
Pour qui ces refrains d'amour
Que chacun, avec ivresse,
Répète dans ce beau jour ?

Quel Roi se montre à la France,
Si digne d'être chéri,
Dont les vertus, la clémence,
Nous rendent le bon Henri ?
    Le voilà, (*bis*)
Charles-Dix n'est-il pas là ?

Ne voulant de sa puissance
Que pour faire des heureux,
Sa bonté, sa bienfaisance,
Vont se répandre en tous lieux.
Vous qu'un sort toujours contraire
Dès long-temps persécuta,
A votre longue misère
Qui donc vous arrachera ?
    Le voilà, (*bis*)
Charles-Dix n'est-il pas là ?

Et vous dont l'humble chaumière,
Au gré des vents déchaînés,
A roulé dans la poussière
Parmi vos champs dévastés ;
La plus affreuse indigence
Désormais vous attendra ;
De seconde Providence,
Alors, qui vous servira ?
    Le voilà, (*bis*)
Charles-Dix n'est-il pas là ?

Vous qui, jadis, de la vie
Goutiez en paix la douceur,
Que la fortune ennemie
A plongés dans le malheur,
Hélas ! tout vous abandonne,
Parens, amis, tout fuira ;
Aucun secours de personne :
A votre aide qui viendra ?
     Le voilà, (*bis*)
Charles-Dix est toujours là.

Par la détresse ou le vice,
Vous, jusqu'au crime conduits,
Qu'un remords heureux se glisse
Au fond de vos cœurs flétris ;
De qui la main protectrice,
Dans vos cachots descendra,
Dont la clémence propice,
Des fers vous délivrera ?
     Le voilà, (*bis*)
Charles-Dix n'est-il pas là ?

Pour soulager chaque peine,
Consoler chaque malheur,
De la bonté souveraine,
Pour être dispensateur ;
De son sceptre tutélaire
Protéger tous ses sujets,

Et compter sa vie entière
Par les heureux qu'il a faits :
    Le voilà , (*bis*)
Charles-Dix est toujours là ?

Georges Duval.

VIVE LE ROI !

Air du Vaudeville de l'Intérieur d'une Étude.

Ce bon Henri, que chacun aime,
A la gaîté, donnant l'essor,
Faisait des vers, et chantait même
Des couplets que l'on cite encor.
Nous devons à ce Roi poëte
Plus d'un refrain de bon aloi ;
Il fait vivre la chansonnette,
Vive le Roi !... Vive le Roi !....

Si Charles possède en partage
Et sa franchise et sa bonté,
Fier d'un aussi grand héritage ,
Il marche à la postérité.....

Tout s'anime à sa voix chérie,
Les arts fleurissent sous sa loi,
Puisqu'il fait vivre l'industrie.....
Vive le Roi!... Vive le Roi!

Le bonheur du peuple l'enflamme,
Le commerce fleurit par lui,
Jamais en vain il ne réclame
Et ses secours et son appui.
Honorant celui qui l'exerce
Avec justice et bonne foi,
Puisqu'il fait vivre le commerce......
Vive le Roi!... Vive le Roi!

D'un bout à l'autre du royaume,
Il devine les malheureux;
Dans les villes et sous le chaume,
Il verse ses bienfaits sur eux.
Partout son aimable obligeance,
Du besoin vient bannir l'effroi!
Puisqu'il fait vivre l'indigence.....
Vive le Roi!... Vive le Roi!

BRAZIER.

LE BOUQUET DU ROI.

AIR : *C'est le gros Thomas.*

Qu'est qu' j'entends donc là ?
Des chants, des ris, des airs de danse !
Not' femm' qu'est qu'c'est qu' ça ?
—Not' homm', c'est la fête d'la France.
    —Ah! jarnicoton !
    A quoique que j' pens' donc !
Allons, femme, en réjouissance,
Un p'tit Français de plus en France...
    Ça s'appelle, j' croi,
    Ben fêter le Roi !

Bien, not' femme, v'là
Comme on fait voir qu'on aim' son Prince;
    J' voyons d'après ça
Qu' ton royalisme n'est pas mince ;
    Dans neuf mois j'aurons
    Un ou deux lurons
Nés sous l' Prince qu'on fête et qu'on aime;
Ils l'aim'ront tout autant qu' nous-même'...
    Ça s'appelle, j' croi,
    Ben fêter le Roi !

Dans un si beau jour ,
Faut nous faire un' boss' conséquente ;
    Puis , à l'Il'-d'Amour ,
J'irons nous en donner comm' trente.

(Frappant sur son gousset.)

Not' semaine est là,
    Bah ! tout y pass'ra,
Et drès d'main je r'prends mòn alêne
Jusqu'à la Saint-Charles prochaine...
    Ça s'appelle , j' croi ,
    Ben fêter le Roi !

    Allons , prends mon bras ,
Et viens toi zen, ma bonn' Suzette ;
    Mais qu' vois-j'. donc là-bas ?
C'est Jean qui bat sa femm' Pérette ;
    Pourquoi donc s' rosser
    Au lieu d' s'embrasser ?
Faut avant d' nous mettre en voyage
Rendr' la paix à leux p'tit ménage...
    Et ça s'ra, je croi,
    Ben fêter le Roi !

    Tiens, vois-tu plus loin
C' pauvre vieillard et sa famille ?
    Ils sont dans l' besoin ,
Et nous irions à la Courtille !

2***

Au diable l' festin !
Femme, j' n'ai p'us faim :
Donnons leux jusqu'au fond d' not' bourse,
D' l'Il'-d'Amour ça nous sauv' la course...
Et puis ça s'ra, j' croi,
Ben fêter le Roi !

Qu' vois-je encor près d' nous ?
Un p'tit orphelin qui pleure
Il s' jette à nos g'noux,
I' faut l'emm'ner dans not' demeure,
Qu'en dis-tu, Suzon ?
—Tiens, l'homm', t'as raison,
Un couvert de plus sur la table.....
Faire une action charitable,
Ah ! c'est là, je croi,
Ben fêter le Roi !

Si j' n'avons p'us l' sou
J' n'ens'rons qu' plus légers pour la danse,
Et j' savons ben où
J' trouv'rons plus tard not' récompense ;
Le bien qu' j'aurons fait,
Sera not' bouquet,
Puis, r'montés dans notre chambrette,
Je chant'rons, l'âme satisfaite :
« Nous avons, que j' croi,
» Ben fêté le Roi !

GENTIL.

LES MILITAIRES EN RETRAITE,
AU ROI.

Air du Bouquet du Roi.

TOUS EN CHŒUR.

Amis , le verre à la main ,
Qu'à chanter chacun s'apprête ;
Du Roi célébrons la fête ,
C'est lui qui fournit le vin.

UN COLONEL.

Du sang versé pour la France
R'compensant ses officiers ,
Il vient , par son ordonnance , *
De payer leurs vieux lauriers !

TOUS.

Amis , le verre, etc.

* L'ordonnance du 10 octobre dernier, rendue sur le rapport
du Ministre de la guerre.

UN CAPITAINE MARIÉ.

Je redoutais la misère,
Mais le Prince est mon appui ;
J'ai le moyen d'être père ,
Mes enfans vivront pour lui !

TOUS.

Amis , le verre , etc.

UN LIEUTENANT INVALIDE.

Moi qui ne suis plus ingambe ,
Grâce au Roi , je vivrai bien ;
Il a payé cher ma jambe ,
Mais mon cœur , il l'a pour rien.

TOUS.

Amis , etc.

UN SOUS-LIEUTENANT.

Moi qui cessai de combattre ,
Et qui fus blessé trop tôt ,
Le ciel me rend Henri-Quatre ,
Je mettrai la poule au pot.

TOUS.

Amis , etc.

UN SERGENT.

J'adore un' jeun' rosière,
J' l'épouse avec mon r'venu;
C'est un' pension militaire
Qui s'unit au prix d' vertu.

TOUS.

Amis, etc.

UN CAPORAL.

Atteint d'un' soif sans pareille,
Au Roi, pour c' bienfait nouveau,
Au lieu d'boire une bouteille,
J' vas au moins boire un tonneau !

TOUS.

Amis, etc.

UN SOLDAT.

T'nez, puisque mon sort et l' vôtre
Sont changés, grâce à sa loi,
Pour son bonheur et le nôtre,
Faut tous crier : *Viv' le Roi!*

CHOEUR.

Amis, le verre à la main,
Qu'à chanter chacun s'apprête ;
Du Roi célébrons la fête,
C'est lui qui fournit le vin.

ROCHEFORT.

LE ROI.

AIR : *Je loge au quatrième étage.*

Celui-ci célèbre l'ivresse,
Celui-là chante la beauté ;
Tel rimeur chante la richesse,
Et tel autre la pauvreté.
Lorsque chacun chante à la ronde,
D' chanter aussi m' faisant un' loi ;
Et voulant plaire à tout la monde, ⎱ *bis.*
Mes amis, je chante *le Roi.* ⎰

Quand je chante la bienfaisance,
Le modèle des chevaliers,
L'objet de l'amour de la France,
Des peuples comme des guerriers.

Quand je chante le Prince aimable
Dont l'aspect cause un doux émoi,
Je n'trouve pas d' sujet préférable, ⎱
Puisqu'ainsi je chante *le Roi*. ⎰ *bis.*

Sans me mêler de politique,
A laquelle je n'entends rien,
Je jouis de la paix publique
Et je vis en bon citoyen.
A nos lois conformant ma vie,
Je paie exactement l'octroi,
Et dans aucun temps je ne crie ⎱ *bis.*
Que pour crier : *Vive le Roi!* ⎰

COUPART.

POURQUOI NOUS FÊTONS LE ROI.

Air : *Bonjour, mon ami Vincent.*

Le jour de Saint-Charle a lui
D'une éclatante lumière;
Partout c'est fête aujourd'ui,
Au palais, à la chanmière !
D'un père chéri les heureux enfans
Célèbrent la fête au moins tous les ans;

Tous les ans, dit-on, sa famille entière
Doit à ses vertus rendre hommage et foi,
    Et voilà pourquoi
    Nous fêtons le Roi. } *bis.*

    On aime à Paris ces jeux
    De la publique allégresse ;
    On aime ces cris joyeux
    De la foule qui se presse ;
On aime la joie, on chérit par goût
Les fêtes qu'on chôme, et celles surtout
Celles que célèbre, en un jour d'ivresse,
Cet élan des cœurs plein d'un doux émoi ;
    Et voilà pourquoi
    L'on fête le Roi.

    Dans ce siècle radieux,
    Nous aimons, vous le dirai-je,
    Voir du génie à nos yeux
    S'étendre le privilége ;
Oui, pour les progrès de l'esprit humain,
Nous aimons à voir un grand souverain,
Ami des beaux-arts, que son goût protége,
Laisser leur flambeau briller sous sa loi,
    Et voilà pourquoi
    Nous fêtons le Roi.

    J'aime à voir que les Bourbons
    Ont, d'un sceptre héréditaire,

De nos révolutions
  Brisé l'autel sanguinaire ;
J'aime voir la France aujourd'hui s'asseoir
Sur tous ces débris . . . Enfin, j'aime à voir
Un grand peuple heureux d'un règne prospère,
Et tous les méchans en plein désarroi ;
    Et voilà pourquoi
    Je fête le Roi !

  Une grande nation
  Demande l'expérience
  D'un Monarque juste et bon
  Qui dirige sa puissance ;
Ma belle patrie a plus que jamais
Besoin du bonheur que donne la paix ;
Je suis né Français, j'adore la France,
Mon patriotisme est de bon aloi !
    Et voilà pourquoi
    Je fête le Roi.

SIMONNIN.

LA FÊTE DE CHARLES-DIX.

Air du Vaudeville de la Servante Justifiée.

Dans ce beau jour, révéré par la France,
Amis des Lys, réunissons nos voix
Pour célébrer la bonté, la clémence
De CHARLES-DIX, le plus aimé des Rois !...
Cloches, canons, tambours, danses légères,
Piquans refrains, trompettes et chansons,
Mêlez-vous tous au cliquetis des verres!...
Vive le Roi, que tous nous chérissons !

Vive à jamais ce modèle des princes !
Un peuple heureux le chante dans Paris,
On le bénit au fond de nos provinces ;
Partout la France a confondu ses cris ;
Et le commerce, et la noble industrie,
Qu'il sait si bien chérir, encourager,
Pour enrichir notre belle patrie,
N'ont plus besoin de secours étranger.

De SAINT-LOUIS, la piété sublime
Sur nous malheurs éclaire sa raison,
Et de HENRI la bonté magnanime
En lui redit : *oubli, paix, union.*

Ces mots sacrés, dont son auguste frère
Sut entourer la couronne des lys,
Font l'ornement du trône héréditaire,
Et sont gravés au cœur de Charles-Dix.

Qu'ils soient inscrits sur la blanche bannière,
Où les Français doivent se rallier,
Charles sourit à la famille entière;
Ainsi que lui sachons tout oublier :
Que l'union, renaissant dans nos villes,
Soit le bouquet de ce jour solennel,
Et que le feu des discordes civiles
S'éteigne aux pieds du trône paternel.

P. C.

ALLONS, MA FEMME, A LA COURTILLE !

Air : *La treille de sincérité.*

Allons ma femme, allons ma fille,
   A la Courtille
    Suivez-moi,
   En Famille
   Fêtons le Roi ! } (*bis.*)

(*Reprise en chœur.*)

Allons ma femme, allons ma fille, etc.

Avant d'aller à la barrière,
Aux jeux publics faisons un tour;
Au mât d' Cocagn', je puis, j'espère,
Gagner un prix en ce beau jour. (*bis*)
J' suis adroit et leste, j' m'en vante,
L' tout est d'grimper, d' allonger l' bras;
Jarnigoi! qu' la route est glissante!
Ah! mon Dieu!... v'là que je tombe en bas.

(*Se rajustant.*)

Allons ma femme, allons ma fille, etc.

Mais, on commenc' la pantomime;
Il faut nous y arrêter un peu;

(*Il va tout près.*)

Comme i' s' battent! c' n'est pas un' frime,
Pif, paf, pan, on n'y voit qu' du feu. (*bis*)
Enfin, v'là l'enn'mi qui succombe
Sous les canons et les obus;
Bravo!.. Mais v'là qu'un' bourr' me tombe
Droit sur mon œil... et j'n'y vois plus.

(*S'éclaircissant la vue avec un
petit verre d'eau-de-vie.*)

Allons ma femme, allons ma fille, etc.

Un instant... aux danseurs de corde,
Restons encore un p'tit moment;

Comme ils s'enlèv'nt!... miséricorde!
Ils s'embl'nt aller au firmament. (*bis*)
Parmi ces danseurs d'importance,
V'là l' plus léger, c'est le plus gros.
Approchons-nous... queu jouissance!
Le plus léger me tomb' su' l' dos.

(*Se relevant comme si de rien n'était.*)

Allons ma femme, allons ma fille, etc.

Chez *Desnoyez* faut fair' bombance,
Et surtout n'pas ménager l' vin;
On n'peut r'garder à la dépense
Pour fêter l'meilleur Souverain. (*bis*)
Buvons à sa santé bien chère;
Mais j'ai tant bu qu'j'n'ai plus d'argent;
Allons, rentrons, ma ménagère,
Sauf à répéter dans un an :

Allons ma femme, allons ma fille, etc.

En zigzag je r'gagnons not' gîte;
Sur ma f'nêtre j'mets deux lampions;
Ma moitié m'dit : couche-toi vîte,
Faut, mon mari, que nous causions. (*bis*)
En deux temps je me déshabille;
Sur l'oreiller j'suis promptement,
Et pendant qu'la bourgeois' babille,
Moi, je répète, en m'endormant :

Allons ma femme, allons ma fille,
A la Courtille
Suivez-moi,
En famille
Fétons le Roi. } *bis.*

COUPART.

CADET BUTTEUX

AUX CHAMPS-ÉLYSÉES.

AIR : *L'amour ainsi qu' la nature.*

J' somm's Cadet Butteux d'la Halle,
J' pinc' la rond' sentimentale
Aussi bien qu' monsieur Ponchard ;
Pourtant j' sais, je l'dis sans fard,
Entr' son talent dont on parle,
Et l' mien, quell' distance est là !
Mais le jour de la Saint-Charle
N'connaît pas ces distanc's-là.

Aujourd'hui tout l'mond' s'embrasse,
Et personn' ne s'embarrasse
Si l'on est duc ou meûnier,
Artisan ou financier.

Qu'un,autre jour chacun parle
Du rang, des titres qu'il a ;
Mais le jour de la Saint-Charle,
N' connaît pas ces distanc's-là.

La dignité d' la Couronne,
Surtout le tintouin qu'elle donne,
Met des distanc's, je l'conçois,
Entr' les sujets et les Rois ;
Pour not' Princ' not' respect parle,
Mais l'amour qu'il inspira
Sembl' le jour de la Saint-Charle
Rapprocher ces distanc's-là.

Depuis la Halle jusqu'au Louvre,
Partout le chemin se couvre
D' Français qui, de tout Paris,
Port'nt l'hommage à Charles-Dix ;
Le Roi, quand son peupl' lui parle,
Est à quéqu's distances d'là ;
Oui, mais l'jour de la Saint-Charle
Rapproché ces distanc's-là.

Saint-Cloud est à plus d'une lieue ;
C'est un fameux ruban d'queue !
Pourtant c'est-là qu'tout l'été
L' dimanch' nous avons été ;

Du ch'min en vain l'on nous parle,
Des bons Français comm' nous v'là,
Pour aller voir le roi Charle,
Marchent sur c'te distance-là.

Chez plus d'un grand que j' révère,
L' Malaga s'boit à plein verre;
Nous, l' Surêne est not' régal,
Quant à moi, ça m'est égal;
Franchement s'il faut que j' parle,
De Surêne à Malaga,
Pourvu que j' boive au roi Charle,
Je m' moqu' de c'te distance-là.

SIMONNIN.

TOUT POUR LE ROI.

Air du Vaudeville du Ballet des Pierrots.

Dans ce monde, rien n'est durable,
Tout, dit-on, s'efface à jamais;
Ce principe est-il véritable ?
Consultez le cœur des Français.
Pour les Bourbons, amour, constance,
Etait le cri de nos aïeux :
C'est encor le cri de la France,
Il le sera de nos neveux.

Des bras d'une mère chérie ,
La mort enlève les enfans ;
Le sombre hiver , dans sa furie ,
Dévaste et nos bois et nos champs :
Notre amour ne peut se détruire ;
Pour nous , aimer est une loi ;
Nos cœurs sans cesse voudront dire :
Tout pour la France et pour le Roi.

Oui , la France , l'Europe entière
De Charles vantent la bonté :
N'a-t-il pas pour vertu première ,
Noble franchise et loyauté ?
Français , l'intérêt nous divise ;
Mais tous égaux devant la loi ,
Nous avons la même devise :
Tout pour la France et pour le Roi.

Oubli du passé pour maxime ,
Des bons Français tel est l'espoir ;
Que le plaisir qui nous anime
Cimente à jamais ce devoir.
En ce jour , tout nous y convie ,
Soyons unis , c'est une loi ;
Oui , répétons toute la vie :
Tout pour la France et pour le Roi.

F. De Cromières,
Capitaine de Gendarmerie de la Ville de
Paris, Chevalier de la Légion-d'Honneur.

LA FÊTE D'UN BON ROI.

Air : *Ermite, bon ermite.*

Une ivresse bruyante
Eclate en ce beau jour,
Partout on boit, on chante ;
Que de marques d'amour !
Au plaisir on s'apprête,
Mon cœur me dit pourquoi :
C'est aujourd'hui la fête,
La fête d'un bon Roi.

Quel spectacle admirable !
Peuple, soldats unis,
En ce jour mémorable
Célèbrent Charles-Dix.
Partout la gaîté brille,
Partout mille souhaits :
C'est fête de famille,
Les cœurs en font les frais.

Amis, honneur et gloire
A ce Français de plus ;
Les pages de l'histoire
Traceront ses vertus ;

Charles ! la France entière
Est soumise à tes lois ;
Elle est heureuse et fière
Sous le meilleur des Ro is.

Déjà l'enfant prononce
Et répète ton nom ;
Chaque instant nous annonce
Le bienfait d'un Bourbon.
Vois à tes pieds la France
Qui t'offre son bonheur :
Charles ! ta récompense
Est déjà dans ton cœur.

Favoris du Permesse,
Dans vos chants glorieux ,
Célébrez l'allégresse
De tout un peuple heureux ;
Faites qu'on puisse dire
Dans la postérité :
Sous Charles qu'on admire
Brillait la liberté.

Par le même.

MON HABITUDE.

Air de la Cantate.

Par besoin, peut-être par goût,
Chacun se crée une habitude,
Est-ce un usage ? il est partout.
Sans que le cœur en fasse étude ;
Soumis à la commune loi,
Moi, mon habitude m'est chère ;
Toujours dire : Vive le Roi,
Voilà celle que je préfère. (*bis.*)

Le poète, l'homme éloquent
Aspirent à la renommée,
De même on voit le conquérant
Ivre d'une vaine fumée.
Pour eux, briller est une loi ;
Telle n'est point mon espérance ;
Toujours dire : Vive le Roi,
Fait mon bonheur et ma science. (*bis*)

Si par fois l'homme est malheureux,
A lui ne doit-il pas s'en prendre ?
Désirs pressans, souvent nombreux,
Soir et matin se font entendre ;

Les écouter est une loi,
Telle du moins est la maxime ;
Toujours dire : Vive le Roi,
Est le seul besoin qui m'anime. (*bis*)

Nos bosquets ne sont plus rians,
Autour de nous plus de verdure,
L'hiver, escorté des autans,
Va couvrir de deuil la nature ;
Tout doit finir, c'est une loi ;
Mais non, non; la France est fidèle ;
Dire toujours : Vive le Roi,
Sera sa devise immortelle. (*bis*)

Par le même.

LA SAINT-CHARLES.

Air : *Vive le Roi ! vive la France !*

Soldats ! favoris du dieu Mars,
Guerriers, mutilés par Bellone !
Accourez tous sous vos remparts,
Que sous vos mains la foudre tonne !
Faites retentir dans les airs,
Au lieu du bruit de la vengeance,
Le cri sacré de nos concerts :
Vive le Roi ! vive la France !

O vous, favoris d'Apollon,
Qui chantez l'amour, la tendresse ;
Accourez du sacré vallon,
Pour célébrer notre allégresse ;
Laissez-là vos chants langoureux,
Chantez Charle et sa bienfaisance ;
Faites entendre jusqu'aux cieux :
Vive le Roi ! vive la France !

De Raphaël, heureux rivaux,
Animez le marbre et la toile,
Et que sous vos nobles pinceaux
Charles apparaisse sans voile ;
Montrez-nous-le rempli d'amour
Pour un peuple ivre d'espérance,
Qui chante partout en ce jour :
Vive le Roi ! vive la France !

Tu vins, ô Fils de Saint-Louis !
Au sein des affreuses tempêtes,
Calmer les malheurs inouïs
Qui menaçaient toutes les têtes.
Nos maux disparurent soudain,
Bannis par ta seule présence ;
Le Français put chanter enfin :
Vive le Roi ! vive la France !

Par C.-J. ROUGEMAITRE.

VIVE LE ROI !

AIR : *Sous l'ombrage de ces hêtres.*
(de M. Deschalumeaux.)

Pour le beau jour qui s'apprête
Que tout un peuple en émoi
Prenne ses habits de fête
En chantant : Vive le Roi ! (*ter*)

C'est le jour de la concorde
Et des vœux de bon aloi,
Grands et petits, tout s'accorde
Pour chanter : Vive le Roi !

Ce cri mène à la victoire;
Car l'on vit à Fontenoy
Rouler le char de la gloire
En chantant : Vive le Roi !

Sous le fer de la mitraille,
Soldat, sans penser à toi,
Tu meurs au champ de bataille
En criant : Vive le Roi !

Le pauvre en lui voit un père,
Heureux d'être sous sa loi,
Il trouve un sort plus prospère
En chantant : Vive le Roi !

Il verrait sur sa chaumière
Tomber le feu sans effroi,
Charle est son Dieu tutélaire :
Il criera : Vive le Roi !

Charles, dans notre allégresse,
Vois notre amour, notre foi !
Qui connaîtrait la tristesse
En chantant : Vive le Roi !

Par le même.

VIVE LE ROI! C'EST MON VOTE.

Air : *Si vous aimez la danse.*

S'ras-tu donc bientôt prête ?
Femme, allons, dépêch'-toi ;
Que j'allions voir la fête
D' Charles-Dix, not' bon Roi.
Tu l' sais ben, ma Charloite,
Je suis connu pour ça.
Viv' le Roi !.... c'est mon vote ; (*bis*)
Qu'il m'appelle, je suis là. (*bis*)

D'un Bourbon dès qu'on m' parle ,
Tout d' suite j' m'épanouis ,
Et j' fête la Saint-Charle ,
Comme aut'fois la Saint-Louis.
Je chante, j' danse, j' trotte
Et j' bois en raison d'ça.
Viv' le Roi!.... c'est mon vote , (*bis*)
Qu'il m'appelle , et j' suis là. (*bis*)

Chez son peuple qu'il aime
Que d' bienfaits il répand !
Not' bonheur dépend même
Du seul plaisir qu'il prend.
S'i s'porte bien , Charlotte,
C'est juste à cause d'ça.
Viv' le Roi!.... c'est mon vote ; (*bis*)
Qu'il m'appelle , et j'suis là. (*bis*)

Par une vieille alliance,
France et lui ne font qu'un ;
J' somm's les enfans d' la France ,
Lui not' père commun ;
Et toi, qui n'es pas sotte ,
Tu comprends fort bien ça.
Vive le Roi!.... c'est mon vote , (*bis*)
Qu'il m'appelle, et j' suis là. (*bis*)

Ah ! que d'un sort prospère
Il jouisse long-temps !

Qu'il règne, ce bon père,
Sur tous les cœurs contens !
Faut espérer, Charlotte,
Qu' ça finira comm' ça.
Viv' le Roi !.... c'est mon vote ; (*bis*)
Qu'il m'appelle, et j' suis là. (*bis*)

M. Letournel.